DAS BIN ICH :-)

Foto

COPYRIGHT © 2021 BY SANDRA FEE-KÖNIG, VÖLKLINGEN AUFLAGE 1 COVERGESTALTUNG BY SANDRA FEE KÖNIG

Herstellung und Verlag: BoD – Books on Demand, Norderstedt

ISBN: 978-3-7543-5370-7

UND HIERMIT ERHÄLST DU MEINE

GEBRAUCHSANWEISUNG

INKLUSIVE

PFLEGEHINWEISEN

ZUR BEACHTUNG UND WEITEREN VERWENDUNG

NAME:_____

SO DARFST DU MICH NENNEN:_____

SEIT DEM _____ ROCKE ICH DIESE WELT

NAMENSTAG:_____

MEINE GRÖSSE:_____

HAARBFARBE:_____

AUGENFARBE:_____

MEIN MOTTO LAUTET:

DAS IST MEIN TRAUM:

DAS SIND DIE BESONDEREN TAGE IN MEINEM LEBEN:
(DATUM UND GRUND)

SO IST ES MORGENS MIT MIR:

MORGENMUFFEL _____ JA _____ NEIN

RICHTE DAS ERSTE WORT AN MICH UND MAN

WIRD DEINE LEICHE NIEMALS FINDEN _____

VOR _____ UHR STEHE ICH UNGERN AUF

KAFFEE _____ TEE ____ ODER DOCH LIEBER _____

FRÜHSTÜCK: ____ **JA** ____ **NEIN**

Damit kannst du mich schon am frühen Morgen richtig glücklich machen:

_____

Und damit versaust du mir bereits morgens den Tag (und dir somit auch)

_____

IM BADEZIMMER:

ES GELTEN FOLGENDE REGELN:

ICH IM BADEZIMMER (TYPISCH):

FOTO

ESSEN UND TRINKEN

Für dieses Essen würde ich alles tun:

_____

_____

_____

Ohne dieses Getränk ist das Leben nichts wert:

_____

ICH ESSE_____ MAL AM TAG!

ICH BEIM ESSEN (TYPISCH)

FOTO

MIT DIESEN NAHRUNGSMITTELN KOMME ICH SO GAR NICHT KLAR:

_____

_____

_____

_____

_____

_____

_____

_____

_____

_____

_____

_____

_____

UND DAS KANNST DU ALLEINE SAUFEN:

_____

_____

_____

_____

_____

_____

DIESES ESSEN ODER GETRÄNK WÜRDE
ICH GERNE MAL PROBIEREN
(NATÜRLICH NUR MIT DIR ZUSAMMEN)

_____

_____

_____

_____

_____

ALLTAG (JETZT WIRD`S ERNST)

Darauf musst du dich einstellen, wenn du ein Teil meines Alltagslebens sein möchtest:

_____

_____

_____

_____

_____

Das sind meine liebenswerten „Macken" im Alltag:

_____

_____

_____

_____

EIN TYPISCHES FOTO AUS MEINEM ALLTAG:

FOTO

DIESE PROBLEME KÖNNTE ES IM ALLTAG GEBEN, WENN DU DICH NICHT GUT UM MICH KÜMMERST:

SO LANGE BRAUCHE ICH, UM MICH WIEDER ZU BERUHIGEN, WENN ICH RICHTIG SAUER AUF DICH BIN

DAS KANNST DU TUN, UM MICH WIEDER ZU BESÄNFTIGEN:

_____

_____

_____

_____

_____

_____

DARAN ERKENNST DU, DASS ICH MICH WIEDER BESSER FÜHLE:

_____

_____

_____

DAS SIND MEINE HOBBIES:

_____

_____

_____

_____

_____

_____

_____

MEINE BLUTGRUPPE: _____

MEIN STERNZEICHEN: _____

MEIN LIEBLINGS-MÄDCHENNAME: _____

MEIN LIEBLINGS-JUNGENNAME: _____

DAS IST MEIN DÖRTI-HOBBY:

_____

_____

_____

DAS IST MEINE DÖRTIESTE FANTASIE:

_____

_____

_____

_____

_____

DAS IST MEIN DÖRTI NAME:

_____

DAS IST EIN FOTO VON FRÜHER VON MIR

FOTO

UND HIER NOCH EIN FOTO VON GANZ FRÜHER VON MIR

FOTO

NACH DEM ALLTAG IST ENDLICH

!! WOCHENENDE !!

SO STELLE ICH MIR EIN _RUHIGES_ WOCHENDE VOR:

SO SIEHT EIN *GEILES* WOCHENENDE AUS:

... UND SO LÄUFT EIN *GUTES* WOCHENENDE:

_____

_____

_____

_____

_____

_____

_____

_____

_____

_____

PARTY! WER, WIE, WANN, WO?

_____

_____

_____

_____

_____

_____

_____

_____

_____

_____

ENTERTAINMENT!

FILME:

_____

_____

_____

_____

MUSIK:

_____

_____

_____

_____

_____

_____

BÜCHER:

_____

_____

_____

_____

_____

_____

_____

OUTDOOR:

_____

_____

_____

_____

_____

_____

_____

INTERNET:

_____

_____

_____

_____

_____

_____

REISEN / URLAUB

_____

_____

_____

_____

_____

_____

_____

_____

MEIN LIEBLINGSFOTO:

FOTO

JETZT WIRD`S INTIM –
ME AND MYSELF

MEIN SCHÖNSTER MOMENT:

_____

_____

_____

MEINE BESTEN BUDDY`S:

_____

_____

_____

WAS ICH AN MIR MAG:

_____

_____

_____

_____

_____

_____

_____

_____

_____

WAS ICH NICHT SO SCHÖN FINDE:

_____

_____

_____

DAS SIND MEINE STÄRKEN:

_____

_____

_____

_____

_____

_____

UND MEINE SCHWÄCHEN:

_____

_____

_____

_____

_____

ICH SCHMELZE DAHIN, WENN DU ...

_____

_____

_____

_____

_____

ICH KENNE DICH NICHT MEHR,
WENN DU ...

_____

_____

_____

_____

WOVOR ICH MICH FÜRCHTE:

_____

_____

_____

_____

_____

DAS SIND MEINE ZIELE IM LEBEN:

- -

- -

- -

- -

- -

- -

- -

ALLES HAT EINMAL EIN ENDE – AUCH EIN TAG –

SO LÄUFT DER ABEND MIT MIR

DAS GEFÄLLT MIR ABENDS AM BESTEN:
(VOR DEM ZU BETT GEHEN)

_____

_____

_____

_____

_____

_____

UND SO SIEHT ES IM BETT AUS:

_____

_____

_____

_____

MICH GIBT'S NICHT ALLEINE.

DAS IST MEINE SIPPE:

_____

_____

_____

_____

_____

_____

UNSER GRUPPENFOTO:

FOTO

WAS DU NOCH WISSEN SOLLTEST:

_____

_____

_____

_____

_____

_____

_____

_____

_____

_____

MEIN SPRUCH FÜR DICH:

Abschlusserklärung:

Beware dieses Büchlein gut auf, halte dich in die darin angegebenen Hinweise, damit wir eine schöne und lang anhaltende, gemeinsame Zeit miteinander verbringen können.

Zu Risiken und Nebenwirkungen kannst du gerne die Erzeuger, deinen Arzt oder Aphoteker fragen – die werden dir aber auch nicht weiterhelfen können.

Ich bin ich – leb damit!

Bin ich zu stark … bist du … ;-)

Liebe Grüße

_____